世界文化遗产　中国四大石窟之一

东方雕塑馆

麦积山石窟

◎张润秀　编著

敦煌文艺出版社

图书在版编目(CIP)数据

东方雕塑馆——麦积山石窟 / 张润秀编著. -- 兰州:
敦煌文艺出版社, 2019.11
ISBN 978-7-5468-1853-5

Ⅰ. ①东… Ⅱ. ①张… Ⅲ. ①麦积山石窟 - 画册
Ⅳ. ①K879.242
中国版本图书馆CIP数据核字(2019)第281647号

东方雕塑馆——麦积山石窟
张润秀 编著

总 策 划：杨继军
项目负责：余 岚
责任编辑：李 佳
装帧设计：孔祥梓

敦煌文艺出版社出版、发行

地址：(730030)兰州市城关区读者大道568号

邮箱：dunhuangwenyi1958@163.com

0931-8773257(编辑部)

0931-8773112 0931-8773235(发行部)

兰州鑫泰印刷有限公司印刷

开本 880毫米×1230毫米 1/16 印张 9 字数 90千

2020年1月第1版 2020年1月第1次印刷

印数：1~2000 册

ISBN 978-7-5468-1853-5

定价：168.00元

麦积山石窟：东方雕塑艺术陈列馆

雷 媛

麦积山石窟是中国四大石窟之一，是见证丝绸之路东西方文化交融的重要遗存，位于天水市麦积区麦积镇麦积村，距城区约25公里。始建于十六国后秦时期（384—417），经北魏、西魏、北周、隋、唐、五代、宋、元、明、清等十多个朝代的不断兴建和修缮，现存窟龛194个，各类雕塑总计7000余身，壁画1000多平方米，其中泥塑最为著名，素有“东方雕塑陈列馆”的美誉。1961年麦积山石窟被国务院公布为第一批全国重点文物保护单位，1982年被国务院公布为首批国家级风景名胜区，2010年被国家旅游局批准为国家5A级旅游景区，2014年被联合国教科文组织列入世界文化遗产名录。

一

麦积山，又名麦积崖，其周围松竹丛生，山峦迭翠，周围群峰环抱，古称“秦地林朱之冠”。麦积山是我国秦岭山脉西端小陇山中的一座奇峰，海拔1671.4米。远远望去，麦积山就像一座堆积在农民打麦场上的麦垛。而麦积之名，从另一层面也表达了陇右人民对丰收和美好生活的向往和渴盼。

于世闻名的麦积山石窟便开凿在这座奇峰南侧面的悬崖峭壁间，大大小小的几百个石窟分布在一百多米高的峭壁上，密如蜂房。

麦积山

根据有关史料及碑刻记载，麦积山石窟的创建，是从东晋十六国后秦时期开始的。这在南宋著名地舆学家祝穆所撰的《方舆胜览》一书中就有著述：“麦积山……围秦地林泉之胜，姚秦时建瑞应寺，在寺之后，姚兴凿山而修。”

麦积山大门

据史书记载，等到南北朝时北方著名的禅僧玄高来麦积山隐居，并和先前在此隐居的高僧昙弘等相会时，麦积山一地已聚集上百人禅修。史学家据此认定麦积山是当时北方地区重要的佛教活动中心。到了拓跋氏建立北魏王朝时，麦积山一带，更成了当时著名的佛教盛地，后来，又经西魏、北周、隋、唐、宋、元、明、清等十多个朝代的不断雕凿和重修，这里遂成为我国著名的大型石窟群之一。

二

麦积山石窟栈道

凡登临麦积山石窟者，多有“难于上青天的蜀道”之感喟。因为，麦积山石窟的所有窟龛，大都开凿在距离地面二三十米乃至七八十米高的悬崖峭壁上，而想要前往那些置身于悬崖峭壁上的窟龛，全靠架设在峭壁上的凌空阁道和天桥飞栈通达。尽管如今所有栈道都改建为非常坚固的钢筋混凝土结构，但每当人们登临其上，仍有惊险感。

今人徒手登临尚且如此艰难，由此可想开凿窟龛之艰难。在五代诗人王仁裕的《玉堂闲话》中，我们看到了古人开凿窟龛之惊险与艰难的一幕：“古记云，六国共修，自平地积薪，至于岩巅，从上镌凿其龛室神像，功毕，旋旋拆薪而下，然后梯空架险而上。”在生产技术落后的古代，诸如麦积山石窟一样的一个个艺术奇观，正是我们的先祖靠着智慧和坚毅不拔的毅力创造的。何为匠人精神，无非如此。当然，惊险之外，登临麦积崖畔，举目四望，居然顿生小天下之感。那一刻，所有登临时候的心悬、腿抖，恐惧统统都消失了，只有与天地共存的幸福感。

从麦积山石窟现存洞窟的分布状况及坍塌以后堆积在崖前的遗物来看，远在一千多年前的北周和隋代之前，在麦积山前面的整个崖壁上，便已经布满了栉比相邻、密如蜂房的佛龛洞窟。只是由于在公元 734 年（唐开元二十二年），天水一带发生了强烈的地震，使窟群中间部分坍塌，整个石窟遂被分割为东崖和西崖两部分。东崖现存洞窟 55 个，西崖现存洞窟 139 个。据考证，在这 194 个洞窟中，除了部分全无一物的空龛残窟外，其他分别是：后秦和西秦洞窟 10 个；北魏洞窟最多，74 个；西魏洞窟 16 个；北周洞窟 39 个；隋代洞窟 8 个。值得注意的是，唐代作为我国佛教及其艺术最为兴盛发达的时期，但是唐代却在麦积山几乎未再重新开凿过洞窟，一个很重要的原因就是自隋开皇二十年（600）以来，天水麦积山一带连续发生了几次非常强烈的大地震，频繁的地震以及地震对洞窟的破坏，使得当时的地方官员和百姓都感到或许在麦积山开凿洞窟已经不再安全了。

宋代洞窟，从现存塑像、壁画情况来看，一共有 14 个，元代洞窟有 2 个，明代洞窟有 6 个，清代洞窟有 3 个，它们基本是在早期所开洞窟和造像的基础上重修和另塑的。

三

那一抹动人的东方微笑，已绽放千年。

麦积山石窟的北魏第133窟，那个比丘，也就是小沙弥，侍立着，他俯首侧耳，似乎正在专心致志地聆听佛的教诲，细眯的双眼，又好像在琢磨着适才佛的说教，而他那略带微笑的嘴角，更像是领悟了其中的奥妙，完全一幅虔恭、脱俗、颖悟聪慧、恬静忘我，大彻大悟的模样。

这一造像出自1500多年前北魏工匠之手。由鲜卑族拓跋氏建立的北魏王朝，是南北朝时期北朝的第一个王朝。北魏时期，佛教兴起并得以空前发展。

这尊笑得会心、动人、毫无心机却又不失顽皮的北魏小沙弥，就足以证明一切。这一抹已绽放千年的东方微笑，是彼时民众最理想的美和最美好心愿的寄托，在穿越千年后，这一抹东方微笑依然传递着生命的奥妙和生活的气息。

比丘　北魏　第133窟

四

麦积山石窟开凿于5—13世纪，是河西走廊及其周边地区仅次于敦煌莫高窟的大型石窟寺。是中国石窟遗产中西魏、北周石窟的代表窟群之一，也是中国佛教石窟群经云冈石窟汉化的进一步延续与发展。以其位居当时东西南北交通的要冲，既受到中原北方云冈、龙门等主流石窟的影响，也受到南方和西方文化的冲击。如果说莫高窟是一个大壁画馆的话，那么，麦积山石窟则是一座大雕塑馆。

造像艺术的设置，特别是在选材用料方面，向来是因地制宜的。鉴于整个麦积山都是由叠压在古老的变质岩上面的第三纪浅红色砂砾岩构成的，石质疏松，不宜精雕细琢，因此，麦积山石窟和敦煌莫高窟以及新疆各石窟一样，都是用泥塑和壁画等艺术形式来表现佛教教义思想和佛经内容的。

麦积山石窟的雕像主要以泥塑为主，大的高达16米，小的仅有10多厘米，内容丰富，题材广泛，造像神态栩栩如生，时代特色鲜明，体现了千余年来各个时代塑像的特点，系统地反映了中国泥塑艺术发展和演变过程。其中北朝至隋唐阶段的泥塑造像是最为精华的部分，集中展示出源于古印度的佛教艺术经中亚传入中国，并完成佛教中国化的整个历史进程，是外来佛教造像艺术中国化、民族化和世俗化的生动再现，达到了宗教内涵与造型艺术的高度统一，具有永恒的艺术魅力。

麦积山的泥塑大致可以分为突出墙面的高浮塑，完全离开墙面的圆塑，粘贴在墙面上的模制影塑和壁塑四类。其中数以千计与真人大小相仿的圆塑，极富生活情趣，被视为珍品。圆塑是从北魏中期开始，到了北魏晚期已经相当普遍和成熟了，到了西魏、北周时期，则更成为麦积山泥塑艺术的主流。

此外，麦积山还有一种“薄肉塑”，典型代表是北周第4窟的“薄肉塑飞天”。此窟绘有5幅大型飞天，这是我国现存

薄肉塑飞天壁画　北周　第 4 窟

迦叶　北魏　第 87 窟

北朝壁画中唯一运用绘塑结合的技法制作的极为独特的作品。每方约 6 平方米，各绘 4 身飞天为一组，这些飞天，有的散花，有的捧炉进香，有的在弹奏乐器，神态不一，双双相对飞舞，其最大的特点是，每身飞天的脸面、躯体及手足等裸露的肌肤部分，则全用一层薄薄的细泥塑作，其余部分，如衣着、飘带、花饰、流云及香炉、乐器等，却只用彩色涂绘而成。这种绘塑结合的方法，不光大大增添了这些飞天伎乐真实生动的立体效果，并给人以脱壁欲出的特殊视觉，堪称北周绘画艺术中的独创之作。

说到北周的绘画艺术，不能不说它的壁画。在麦积山石窟之北周第 4 窟中，残存着一幅车马人物图，这幅作品整个画面虽然是单线平涂，但立体感极强。由于当时的画家巧妙地运用了交点透视和散点透视的构图方法，并恰当地处理了人们在仰视中的错觉关系，因而形成一个非常奇妙的效果：当人们站在第 4 窟窟廊地面上，从左面向上看，车马人物图中的那匹红马似乎正向外行走，从右看，红马则又向里面走去。角度不同其动态亦不同，可谓十分难得的北周壁画奇作。

麦积山石窟现存壁画共 1065.2 平方米，自后秦、西秦起历代皆有，最为著名的集中在两个时期：北周之外，便是北魏。北魏是麦积山石窟壁画发展的第一个著名时期，其壁画约保存 300 多平方米，数量占现存总数的三分之一左右，多为佳作。以第 127 窟和第 135 窟为代表的大型佛本生画和经变画，气势壮观，内容丰富，形式活泼。第 127 窟著名的维摩诘经变、西方净土变、涅槃经变等都保存了下来，这种源于中原地区、用图画来解释佛经思想内容的壁画题材向西传到河西走廊的敦煌地区，在敦煌石窟壁画中大放异彩，并在西域吐鲁番地区的柏孜克里克石窟、龟兹地区的库木吐喇石窟中 8 世纪以降的壁画中大量体现，充分反映了中原、河西、西域地区的佛教艺术在 5 世纪以后的中国化进程。

资料表明，麦积山石窟的造型艺术，前后经理了两次重要变化：一次是由“胡貌梵相”转为“秀骨清像”，另一次则由“体态清秀”再次转为“敦厚圆润”，这两次变化为隋唐时期中国佛教艺术的繁荣打下坚实基础。

北魏第 87 窟迦叶，是麦积山石窟唯一的一身西域式高僧像，高鼻，深目，颧骨高突，两腮深陷，双眉修长浓厚额印三道皱纹，旁作两扇大耳，下巴、颈骨以及喉结等，都具有一定的夸张，又处理得真实自然，块面结合。

而同样是北魏洞窟，位于麦积山西崖的第 115 窟，窟内塑一佛二菩萨，主尊眉目清秀，神情安逸，结跏趺坐在工字形须弥座上，作说法印；二胁侍菩萨，其衣着冠戴以及立式等都与早期菩萨多有相似之处，但清秀端庄的五官脸面，以及慈祥安逸的神情，均已彻底汉化。

可以说，麦积山石窟的造像则真实记录下由“胡貌梵相”转为“秀骨清像”、 由“体态清秀”再次转为“敦厚圆润”这些变化轨迹，由于秦州自古以来特殊的地理位置，使各种文化因素在这里碰撞、交融，因而也形成了麦积山石窟造像博大、包容艺术特征，无论是来自西域、长安、洛阳还是南朝的佛教艺术样式，都在这里蓬勃发展，并形成了以世俗化、人性化和民间化为主要特征的雕塑和绘画艺术风格，成为陇右地区的佛教艺术中心。为此，麦积山石窟也成为中国佛教艺术 5 世纪初至 6 世纪末嬗变的杰出代表。

雕塑、壁画艺术之外，麦积山石窟现存的洞窟建筑，亦具有十分珍贵的价值。雕凿在崖面上的八座仿木构建筑的“崖阁”，这是北周大都督李允信为亡父所建，是中国现存仿宫殿式佛窟中最大的一个。保存在第 127 窟、第 140 窟、第 26 窟和第 4 窟内壁画中的 4 幅北朝城郭建筑图，是研究我国古代建筑最好的失误例证和珍贵资料，尤其是对研究我国北朝建筑，更具有特殊作用。

于后秦姚兴时建造的瑞应寺，现存主体建筑为明代重建，清代重修，占地面积约 2500 平方米，建筑面积 360 平方米。坐西北朝东南，中轴对称，三进院落，中轴线上从外至内依次为山门、天王殿、大雄宝殿，中轴线两侧分别为钟楼和鼓楼。

总而言之，麦积山石窟现存的洞窟建筑、造像与壁画艺术等都是杰出的古代建筑、艺术和文献实物资料，对于研究古代秦州地区的历史、建造技术、雕塑与绘画艺术具有十分珍贵的价值。

值得一提的是，麦积山石窟将文化元素与地质构造巧妙地结合在一起，形成了独具特色的景观特征，具有显著的景观价值。

不同于多数石窟呈线性分布的特点，麦积山石窟的开凿充分利用了其赋存山体独特的地质地貌。在峭立的丹霞貌崖壁上，窟龛竖向错落布置，上下高达十余层，以独特组合方式将文化元素融入了自然之中。麦积山石窟是佛教艺术与周围环境景观完美结合的典型范例，其独特的环境格局体现出古人精审的规划和营建思想，文化主题与环境特征融为一体，具有很高的景观价值。麦积山石窟选址于“河泉围绕”的幽林深处，周围群山环绕，层峦迭翠，林木葱郁，景色秀美；而麦积山一崖孤耸、卓然而立，其独特的地形地貌成为了区域的视觉中心，四周的山川草木全部成为了麦积山的环境衬托。麦积山石窟具有独特美感的地质地貌，拥有种类丰富的动、植物群落分布，具备生物多样性特征。

麦积山仙人湖圣景

文化遗产代表着一个民族的根源，是文化自信的根源所在，作为世界文化遗产的麦积山石窟，必将依托敦煌研究院的保护、研究、弘扬平台，结合国家“一带一路”战略，迎来新的发展机遇 。

世界文化遗产麦积山石窟远眺

麦积山石窟位于现今天水市东南，在秦岭山脉的西端，周围山峦叠翠，溪流潺潺，鸟语花香，风景异常优美。在山崖的南向面凿有密如蜂房的石窟，现存东晋十六国后秦、西秦、北魏、西魏、北周、隋、唐、五代、宋、元、明、清等诸代雕造的洞窟194个，历代彩塑石雕造像7000余身；壁画1000多平方米；北朝仿木结构殿堂建筑凿制的崖阁8座。

“麦积奇观”刻石

建筑篇

石窟艺术是集雕塑、壁画、建筑为一体的艺术，麦积山石窟最早出现的仿木构建筑形式的洞窟是在北魏时期，如第 15、第 28、第 30、第 49 等窟，这些洞窟的外观或内部结构仿照木构建筑形象雕凿，有柱、斗拱、檐、椽、枋、屋面等，俨然是一个在崖壁上开凿的楼阁，故称之为崖阁。这种做法使洞窟最大程度地接近中国传统建筑形象，利于佛教的传播和发展。

麦积山西崖栈道

麦积山石窟的所有窟龛，大都开凿在距地面二三十米乃至七八十米高的悬崖峭壁上，洞窟之间上下往返，全靠架设在崖壁上的凌空阁道和天桥飞栈通达。其惊险陡峭程度及飞虹栈阁的设置，恰似当年“难于上青天的蜀道”。

栈 道

麦积山西崖栈道全景

东崖栈道侧面

西崖栈道侧面

上七佛阁

千佛阁廊

千佛阁

空 龛

雕塑篇

麦积山石窟艺术，以其精美的泥塑艺术闻名中外。历史学家范文澜曾誉麦积山为“陈列塑像的大展览馆”。如果说敦煌是一个大壁画馆的话，那么，麦积山则是一座大雕塑馆。这里的雕像，大的高达16米，小的仅有10多厘米，体现了千余年来各个时代塑像的特点，系统地反映了中国泥塑艺术发展和演变过程。

佛 后秦 第78窟

第78窟位于麦积山西崖中下部，是麦积山石窟中最早开凿的洞窟之一，坛基三面各塑一身大坐佛。

菩萨 后秦 第74窟

菩萨 北魏 第80窟

第80窟前部已毁，仅存后部。图内的菩萨，位于左侧壁靠里处，是现存二胁侍菩萨中保存最完好的一身。虽经千余年的风吹日晒雨淋，但整个造像及其身上的泥巴，仍完好如新。

佛与菩萨 北魏 第23窟

第23窟是北魏中期最主要的代表洞窟之一，由于洞窟大部塌毁，现仅存一佛一菩萨及部分壁画。

菩萨　北魏　第69窟

第69窟位于西崖的中下部，与右侧第169窟相连并列。这身菩萨，位于第69窟主尊右侧，容貌端庄秀丽，神情文静典雅，美而不艳，冠戴华丽，衣着入时，俨然一妙龄少女。

迦叶　北魏　第87窟

这身侍立在第87窟右侧壁前的佛弟子，是麦积山唯一一身西域形象高僧像，为释迦第一个大弟子迦叶。

一佛二菩萨 北魏 第115窟

第115窟位于麦积山西崖中上部略偏西面，是麦积山唯一有北魏开窟纪年的小型洞窟。它开凿于北魏“景明三年(502)九月十五日”。

一佛二菩萨　北魏　第127窟

第127窟为大型顶窟，平面横长方型，顶高4.5米，四周高3.95米，窟顶正中为横长方形藻井，其四周有四个梯形披，窟内正壁、左壁、右壁各开一浅龛，四壁和整个窟顶绘满壁画。正壁龛内石刻一佛二菩萨，左右两壁浅龛坐佛均经后代重塑，此窟保存壁画最多最美，约99平方米，装饰了三个佛龛以外的全部壁画。除窟内佛座四周约1.21平方米为明代重绘外，均为北魏原作，内容丰富，形式完美，多为精品。

供养菩萨 北魏 第127窟

彻底的世俗化和浓郁的人情味，是麦积山石窟在北魏晚期最大的艺术特色之一。这身位于第127窟左壁龛内左侧的供养菩萨，面带笑容，完全像一位热情好客、落落大方的家庭主妇形象。

佛与弟子　北魏　第133窟

释迦会子，佛教中叫做“罗睺罗授记”，表现的是释迦牟尼授记罗睺罗成佛的画面，民间因其反映释迦牟尼和其子罗睺罗相会，俗称“释迦会子”。

释迦牟尼
北魏
第 133 窟

罗睺罗
北魏
第 133 窟

造像碑　北魏　第133窟

这座碑现置于第133窟前堂大佛的左侧，是闻名中外的释迦牟尼佛传碑。全碑高1.6米，宽0.8米，厚仅0.1米。碑的正面，以高浮雕形式，凿出大小不等的12幅画面。各画面之间，或雕框栏为界，或以龛柱、帐幔相隔，布局规整谐调，构图严谨巧妙，汇人物、建筑、山石、树木于一体，内容丰富，主题突出，造型优美生动，对研究我国早期石刻故事画的演变与发展提供了十分珍贵的资料。

造像碑　北魏　第133窟

造像碑　北魏　第 133 窟

弟子　北魏　第133窟

侍立在第133窟9号龛内右侧的佛弟子，是这一时期最具特色的代表作品之一。

佛 北魏 第147窟

第147窟位于西崖偏东侧，紧靠中部塌区的边缘。这身几乎全部置身于露天之中的坐佛，既经风吹日晒，又要遭受雨淋，但仍然保存完好。

佛与比丘 北魏

佛　北魏

小沙弥　北魏

佛　北魏

菩萨与弟子　北魏　第 121 窟

第 121 窟位于西崖上层西端。开凿于北魏晚期，宋重修。覆斗藻井平面方形窟。窟高 2.55 米，宽 2.36 米，深 2.15 米。三壁龛内各塑一佛。正龛内左、右壁中门内两侧塑二力士。佛上半身为宋代重塑，下身衣裙搭于座前呈三瓣式下垂，结跏趺坐于方台上，弟子穿袈裟，下着裙。左弟子塔螺旋发髻。菩萨着褒衣博带式袈裟。菩萨与弟子紧紧相依，面带笑意，双手合掌于胸前，作拍手状，似在窃窃私语，会心交谈，犹如现实生活中一对亲姐弟一般，充满着青春活力与动人的情感，使人备感自然与亲切。力士头部宋代重修。此窟为北魏晚期代表性洞窟。

二菩萨　北魏　第 121 窟

菩萨与弟子　北魏　第 121 窟

菩萨　西魏　第44窟

第44窟为西魏开凿，四角攒尖顶窟，高2.25米，面阔3.20米，进深1.9米，窟前部塌毁，仅存后部造像。正壁龛内塑坐佛一身，龛外塑左右胁侍菩萨各一身，左、右两壁后侧塑弟子各一身。在麦积山数以千计的泥塑作品中，这身雕像，可以说是精品中的精品。

二菩萨　西魏　第 44 窟

菩萨 西魏 第44窟

菩萨　西魏　第 44 窟

童男 西魏 第123窟

第123窟为西魏开凿，平顶方形窟，顶高2.47米，面阔2.45米，进深2.35米，其四周又凿高宽各30厘米的低坛基，正左右三壁各开一圆拱形浅龛，左右壁龛前的坛基上做方形佛座。正壁塑一佛二菩萨，左壁维摩诘，右壁文殊师利菩萨，里侧塑二弟子，外侧塑男女二侍者（童男、童女）。窟内佛造像生动秀美，菩萨清秀、苗条。此窟以维摩诘变为题材，左右二壁方形坛座上维摩诘居士和文殊师利菩萨均作结跏趺座，对坐论辨。

童女 西魏 第123窟

与童男对面而立的童女，宽额、圆面，头顶扎小丫髻，细眉，隆鼻，薄唇，俊眼，身穿圆式硬镇窄袖衣，下着背带贴身长裙，脚穿筒靴，典型的鲜卑族女孩装束。

一佛四菩萨　北周　第62窟

第62窟是麦积山北周时期保存最完整，也是最具代表性的洞窟之一。此图为正壁的主尊及左右四胁侍菩萨。佛像一反前期的那种高肉髻旋涡纹的作法，塑磨光低平肉髻，侍立在两旁的菩萨，极似雍容华贵、典雅大方的女性美，特别是那修长端丽的身段，与既丰满又窈窕的躯体，以及那既轻软又凝重的衣着披帛，充分地表现出他上承魏晋余韵，下开隋唐新风的艺术特色。

佛 北周 第135窟

第135窟为北魏晚期(516-534)开凿，为西崖三大窟之一。俗称“天堂洞”，全窟共有造像17身。正壁中龛泥塑一佛二菩萨和窟左石雕一佛二菩萨，壁画约保存50平方米。这身北周小佛像，现存于麦积山第135窟正壁左侧后开的佛龛内，是北周时期最杰出、最优秀的代表作品之一。

上七佛阁　北周　第 4 窟

第 4 窟也称为上七佛阁，位于东崖三大佛上方最高处，距地高约 70 米，为麦积山规模最大，位置最高的石窟，也是最辉煌壮观的殿堂式大窟。廊后作七个并列顶四面坡顶的方形大窟。窟高 15 米，宽 31.7 米，深 13 米。窟内原塑一佛二弟子六菩萨或一佛八菩萨像，历经唐、宋、元、明不断修缮，造像已非初始原貌。窟外上方的崖壁上，有薄肉塑伎乐飞天五组，均为北周原作。此窟俗称散花楼，据说，这是由于在此散花，佛将带给你好运和祝福。

一佛二菩萨 北周 第4窟

一佛二弟子六菩萨 北周 第 4 窟

一佛二弟子　北周　第4窟

三菩萨　北周　第 4 窟

菩萨　北周　第 4 窟

菩萨与弟子 北周 第4窟

弟子　北周　第 4 窟

弟子 北周 第 4 窟

菩萨 北周 第4窟

菩萨 北周 第4窟

菩萨 北周 第4窟

菩萨 北周 第4窟

菩萨 北周 第4窟

菩萨 北周 第4窟

力士　北周　第4窟

一佛二菩萨 隋 第13窟

麦积山第13窟俗称东崖大佛，位于东崖中部。开凿于隋代，南宋绍兴年间重修。系摩崖浅龛，立面近方形，高17米，宽约18米。摩崖高浮雕石胎泥塑一佛二菩萨像。这是麦积山现存最大的一组石胎泥塑造像。

佛 隋 第13窟

菩萨 隋 第13窟

菩萨　隋　第13窟

一佛二菩萨 隋 第13窟

菩萨　隋　第37窟

第37窟为隋代开凿，圆卷龛、前部毁。龛内塑坐佛一身，右侧一胁侍菩萨。主佛高2.10米，顶作低平螺旋髻，略有残损，面形方圆，着通肩架裟，善跏趺座于方形座上，中踩半圆莲台，体躯健美，神态安详。右胁侍菩萨，高1.85米，顶蓄高髻，戴华髻冠，面容丰满，形体修长，双手自然交叉于胸际，姿态优美，表现手法简练、生动，是麦积山隋代造像的精品。

一佛二菩萨 第98窟

第98窟位于西崖中部，又称西崖大佛，由摩崖石胎泥塑一佛二菩萨造像组成，造像正中立佛高12.2米，原作于北魏，北周、宋、元、明、清等不同历史均做过维缮，原貌已基本无存。

佛 第98窟

菩萨 唐 第5窟

第5窟俗称“牛儿堂”，位于东崖西侧最高处，开凿于隋、初唐、经宋、明重修。仿木构建筑崖阁式洞窟，前有窟廊，后凿一窟二龛，为“三式佛”龛中窟平面呈椭圆形，穹窿顶，中窟塑一佛二弟子四菩萨。虽经后代重修，仍保持着隋末到唐初的造像风格。中龛外右侧塑一天王像，身穿铠甲，两眼圆睁，神情威严，脚采一卧的小牛犊背上，卧牛昂首屈膝，挣扎欲起，姿态极其生动。这就是《玉堂闲话》中所谓的“金蹄银角儿”。该窟因此也称“牛儿堂”。

菩萨 唐 第5窟 局部

踏牛天王　唐　第5窟

这身脚踏神牛的天王，位于第5窟中龛门外左侧。脚下所踏神牛，古称"金蹄银角的犊儿"，"牛儿堂"正是因它而得名。

踏牛天王 唐 第5窟

菩萨　五代　第43窟

菩萨　五代　第43窟

力士 宋 第43窟

力士　宋　第43窟

千佛阁　第 5 窟

佛　第5窟

佛　第5窟

佛　第5窟

佛　第5窟

佛与菩萨　第 5 窟

佛 第5窟

一佛二菩萨　第 5 窟

一佛二菩萨 第 5 窟

佛 第5窟

一佛二弟子 第5窟

佛 第5窟

一佛二菩萨　第 5 窟

佛　第5窟

佛与菩萨　第 5 窟

一佛一弟子一菩萨　第 5 窟

菩萨 第 5 窟

菩萨　第 5 窟

菩萨 第5窟

菩萨与弟子

菩萨与弟子

菩萨　第 5 窟

菩萨　第5窟

弟子　第5窟

菩萨　第 5 窟

菩萨 第5窟

菩萨 第5窟

菩萨　第 5 窟

佛

力士

壁画篇

麦积山石窟的大型经变画代表了中国魏晋南北朝时期的最高水平，这一时期壁画中的人物服饰趋于世俗化，人物形体修长，面容削瘦清秀。画法古拙,色彩强烈，风格独特。出现了以绘为主、绘塑结合的新形式。

薄肉塑飞天　北周　第4窟

在第4窟前廊正面1～4龛龛楣上方，绘有5幅大型飞天，这是我国现存北朝壁画中唯一运用绘塑结合的技法制作的5幅极为独特的作品，堪称北周绘画艺术中的独创之作。

奔马图

壁画 北周 第 4 窟

车马人物图　北周　第4窟

这幅车马人物图，残存在第4窟前廊右侧的平棋中。整个画面，虽然是单线平涂，但立体感极强。由于当时的画家，巧妙地运用了交点透视和散点透视的构图方法，并恰当地处理了人们在仰视中的错觉关系，因而形成一个非常奇妙的效果：当人们站在窟廊地面上，从左面向上看，那匹红马似乎正向外行走，从右看，则又向里面走去了。角度不同其动态亦不同。可谓十分难得的北周壁画奇作。

壁画　北周　第4窟

壁画 北周 第4窟

壁画　北周　第 4 窟

壁画　北周　第 4 窟

壁画

壁画

飞天

飞天

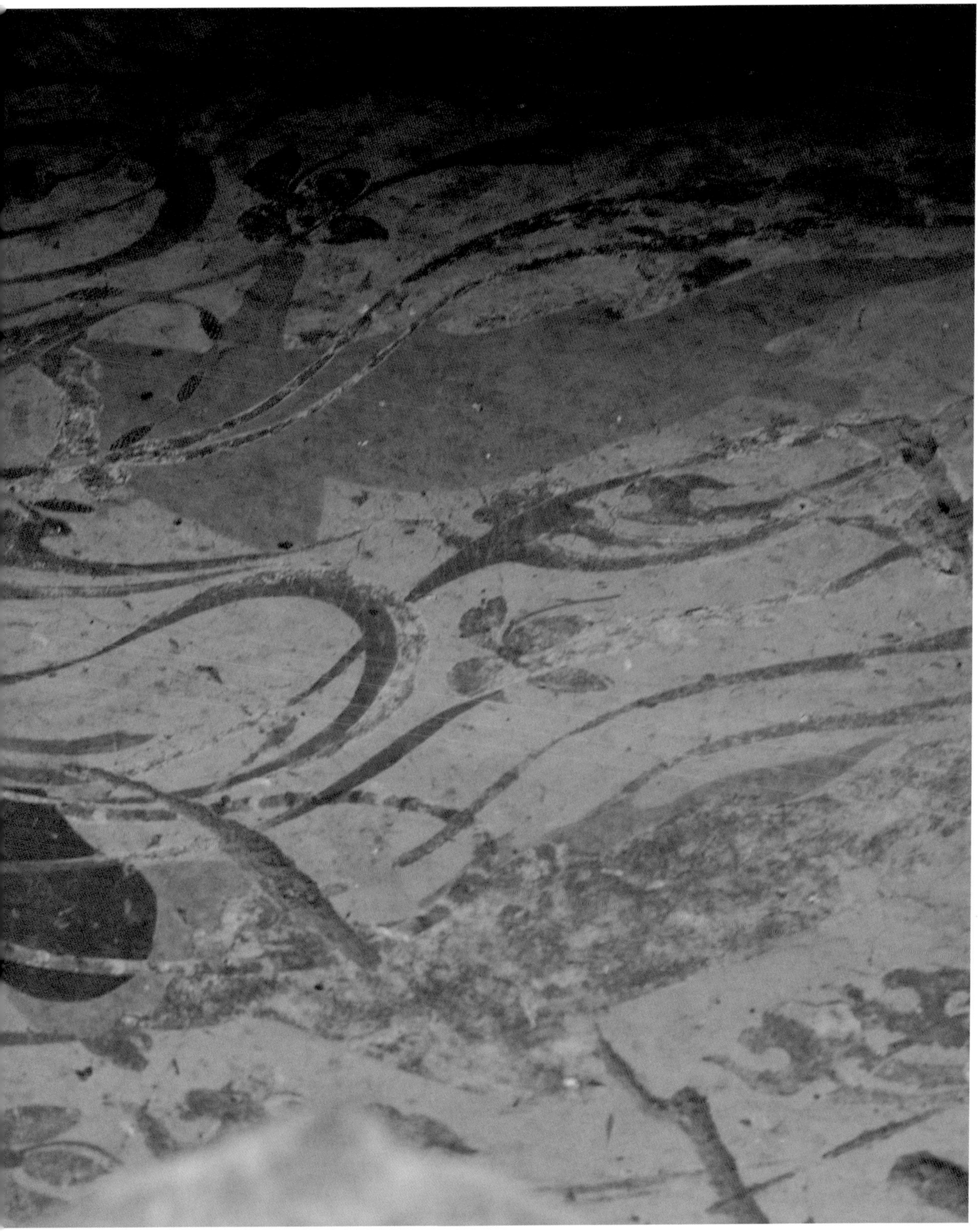

飞天

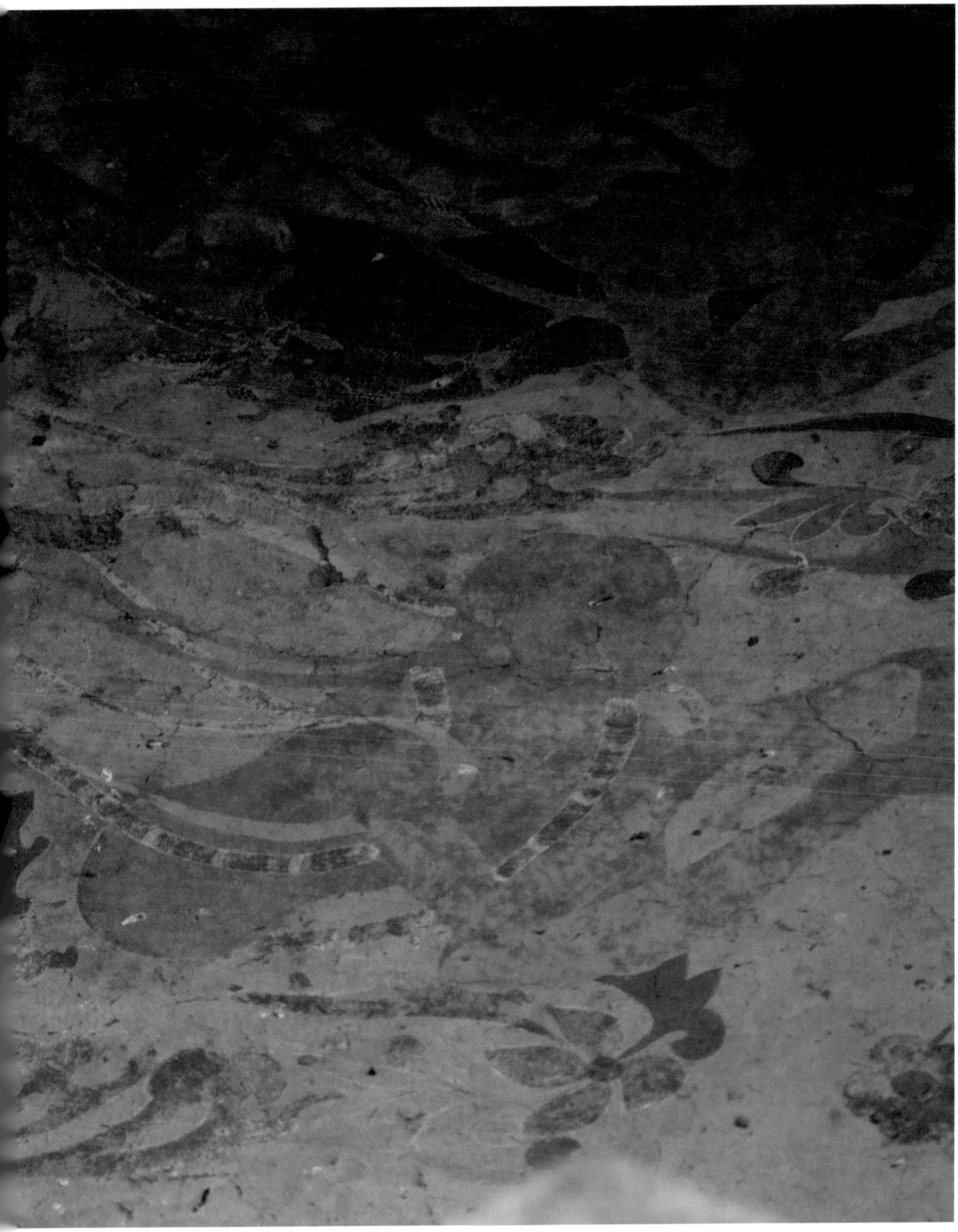

壁画

壁画

飞天 北魏 第76窟

第76窟，是位于西崖中下部偏東面的一个小型洞窟，前部已毁，其后大部分保存尚完好。这7身飞天，绘制在现存窟顶的后半部。为麦积山北魏中期保存最完好的一方飞天壁画。

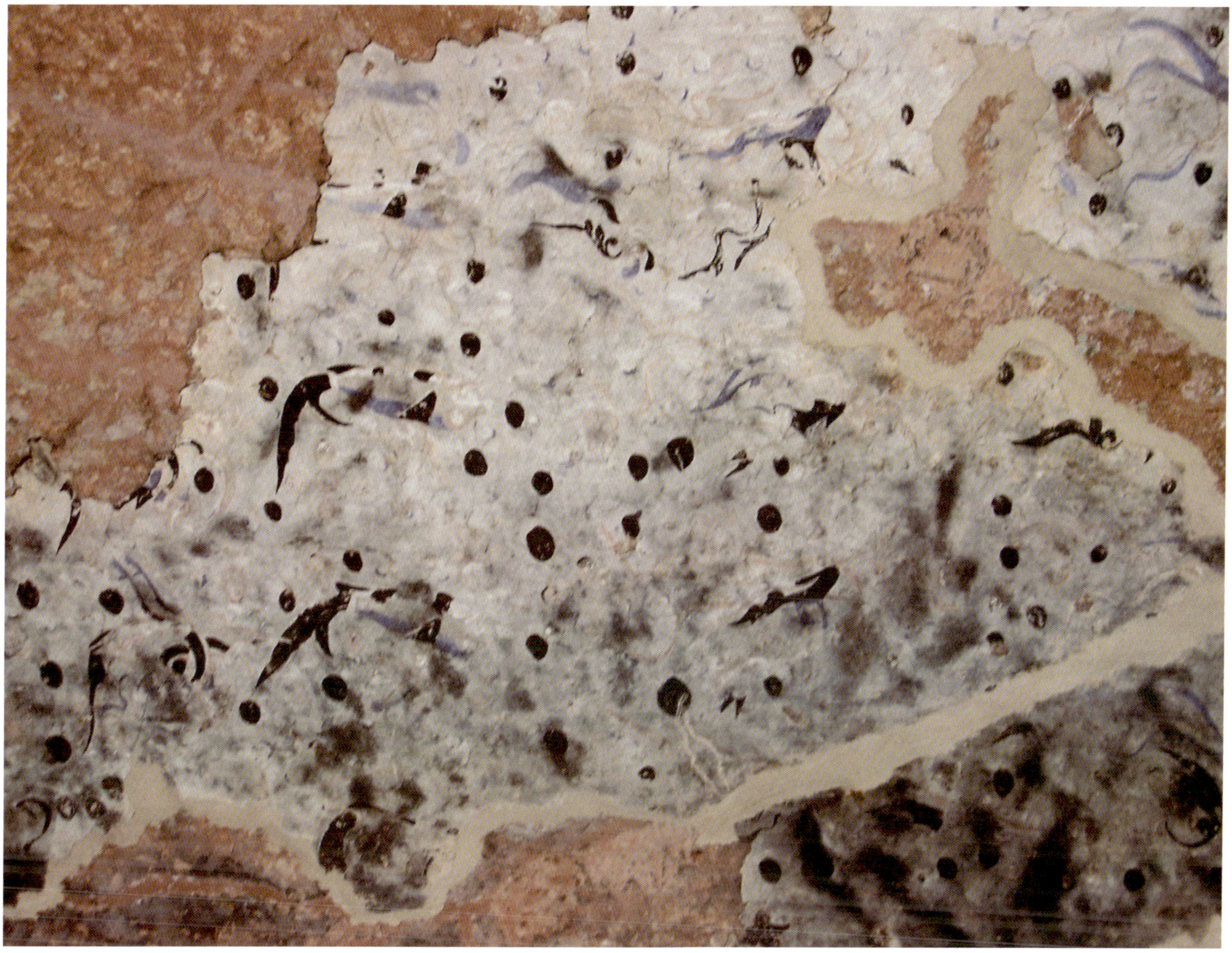

壁画

萨埵太子本生　北魏　第127窟

壁画位于窟内的左右两坡。在窟内的东侧上披绘两个王子“回宫报信”，以鸟瞰式构图（从高空角度向下看）绘出了一座古代城池。在宫殿的台阶下方，有两人伏跪于地，这是两个王子向父母哭诉；台阶之上是国王夫妇，一个昏绝于地，一个仰头痛哭，周围的群臣都正趋步上前躬身劝慰。窟内西侧上披绘饲虎部分，画面一部分已经残损，但饲虎的场景保存完整：在深山中的一块平地上平躺一人，一群虎围于周围正在吞食，极为悲壮。

睒子本生 北魏 第127窟

壁画长7.2米，高1.4米，由国王出行、射猎、误射、睒子倾诉、探望盲父母、盲父母哭诉、天神相救等画面组成，画面上的山川河流、树林巨石的构图及技法在中国早期山水画中独树一帜。

本书部分图片由张润贵、王学勇拍摄，恕不一一注明。部分资料照片选自张学荣主编，何静珍、陈玉英著的《麦积山石窟艺术丛书》（第一辑）一书，特此致谢！